BEI GRIN MACHT SICH IHR WISSEN BEZAHLT

D1796226

- Wir veröffentlichen Ihre Hausarbeit,
  Bachelor- und Masterarbeit

- Ihr eigenes eBook und Buch -
  weltweit in allen wichtigen Shops

- Verdienen Sie an jedem Verkauf

Jetzt bei www.GRIN.com hochladen
und kostenlos publizieren

Bibliografische Information der Deutschen Nationalbibliothek:

Die Deutsche Bibliothek verzeichnet diese Publikation in der Deutschen National-
bibliografie; detaillierte bibliografische Daten sind im Internet über http://dnb.d-
nb.de/ abrufbar.

Impressum:

Copyright © 2014 GRIN Verlag, Open Publishing GmbH
Druck und Bindung: Books on Demand GmbH, Norderstedt Germany
ISBN: 9783668307186

Dieses Buch bei GRIN:

http://www.grin.com/de/e-book/341230/zwischen-zivilcourage-und-denunzianten-
tum-eine-kantianische-analyse-des

Claus Fischer

Aus der Reihe: e-fellows.net stipendiaten-wissen

e-fellows.net (Hrsg.)

Band 2138

Zwischen Zivilcourage und Denunziantentum. Eine kantianische Analyse des Whistleblowing

GRIN Verlag

GRIN - Your knowledge has value

Der GRIN Verlag publiziert seit 1998 wissenschaftliche Arbeiten von Studenten, Hochschullehrern und anderen Akademikern als eBook und gedrucktes Buch. Die Verlagswebsite www.grin.com ist die ideale Plattform zur Veröffentlichung von Hausarbeiten, Abschlussarbeiten, wissenschaftlichen Aufsätzen, Dissertationen und Fachbüchern.

Besuchen Sie uns im Internet:

http://www.grin.com/

http://www.facebook.com/grincom

http://www.twitter.com/grin_com

Inhaltsverzeichnis

I

1 Einleitung

Es ist der 17. Juni 1972. Von einem Wachmann des Watergate-Gebäudekomplexes wird die Polizei alarmiert: Fünf Personen in Anzug und Krawatte hatten versucht in das Wahlkampfbüro der Demokratischen Partei einzubrechen und dort Wanzen anzubringen. Der Auftakt für die Watergate-Affäre – Der Anfang vom Ende für Richard Nixons Präsidentschaft.

Heute herrscht allgemein die Meinung vor, zwei Reporter der „Washington Post" – Bob Woodward und Carl Bernstein – hätten mit Ihren Ermittlungen Präsident Nixon zu Fall gebracht. Weniger bekannt ist jedoch, dass sie bei ebendiesen erheblich unterstützt wurden. Sie hatten einen bis zum heutigen Tage anonymen Informanten aus Nixons eigenen Reihen, der sie mit den pikanten Details ihrer Ermittlungsarbeit versorgte und so zu dem Amtsenthebungsverfahren gegen Nixon und dessen Rücktritt führte.

Ein Zeitsprung in den Juni 2013. Ex-NSA-Mitarbeiter Edward Snowden enthüllt prekäre Details über großangelegte, weltweite Spionage ausgehend von US-amerikanischen Geheimdiensten. Selbst befreundete Staaten wurden auf allen Ebenen abgehört und durchleuchtet – Ein internationaler Spionage-Thriller wird aufgedeckt.

Weder Snowden noch der mysteriöse Watergate-Informant können als einfache Informanten, als Kriminelle oder gar als Hochverräter betrachtet werden. Sie genießen einen Sonderstatus. Sie sind so genannte „Whistleblower".

Bereits diese beiden Beispiele werfen einen schier unüberschaubaren Komplex an Fragen auf. Was genau zeichnet einen Whistleblower vor einem schlichten Informanten aus? Ist Whistleblowing legal bzw. legitim? Existiert vielleicht sogar eine moralische Verpflichtung die Öffentlichkeit über etwaig unmoralische Tätigkeiten einer Organisation in Kenntnis zu setzen?

Um eine Antwort auf diese Fragen zu finden, wird im folgenden Abschnitt zunächst eine Definition von Whistleblowing gesucht, welche es sowohl ermöglicht Whistleblower von herkömmlichen Insidern abzugrenzen, als auch erklären kann, weshalb innerhalb der Gesellschaft die moralische Bewertung des Whistleblowing breitgefächert von äußerst tugendhaft bis hin zu absoluter Immoralität reicht. Das bedeutet, es wird erläutert warum Whistleblower einerseits als Kriminelle und Verräter, andererseits jedoch als wahrheitsliebende und mutige Menschenfreunde betrachtet werden, denen das Wohl der Anderen wichtiger als das eigene ist. In diesem Zusammenhang muss insbesondere auf den Begriff der Loyalität eingegangen werden, um die Herkunft dieses Widerspruchs aufzuklären.

Im daran anschließenden dritten Abschnitt wird, aufbauend auf die gefundene Definition, auf die Umstände eingegangen, welche das Whistleblowing in einer Organisation überhaupt erst auslösen. Gleichzeitig führt die Entscheidung mit heiklen Informationen an die Öffentlichkeit zu treten nicht zuletzt zu ungewollten negativen Konsequenzen. Da ebendiese gleichwohl zu einer Entscheidung gegen das Whistleblowing führen können, müssen auch sie betrachtet, sowie Möglichkeiten dies zu vermeiden genannt werden.

Als Vorbereitung für eine moralphilosophische Bewertung des Whistleblowing müssen im vierten Teil des Schriftstücks schließlich noch dessen rechtlichen Rahmenbedingungen herausgearbeitet werden. Selbstverständlich haben diese nicht nur einen direkten Einfluss auf die Entscheidung des Individuums, sondern auch auf die normativ-ethischen Regeln nach denen das Individuum sich richtet. Da speziell in den Vereinigten Staaten bereits seit langem Gesetze zur Förderung und zur Einschränkung des Whistleblowing bestehen und diese somit durch wesentlich markantere Beispiele veranschaulicht werden können, wird bei der Analyse insbesondere auf die Rechtslage der USA Bezug genommen.

Um schließlich eine abwägende Entscheidung über den normativen Status des Whistleblowing treffen zu können und hierfür ein ethisches Instrument zur Bewertung notwendig ist, muss im fünften und letzten Abschnitt eine passende ethische Theorie gewählt werden. Dies ist notwendig, da es ansonsten unmöglich wäre die Stärke etwaiger Argumente zu gewichten und gegebenenfalls gegen einander aufzuwägen. An dieser Stelle bietet sich insbesondere die deontologische Ethik Immanuel Kants an, da diese mit ihrer Forderung nach Verallgemeinerbarkeit und ihrer normativen Formulierung beste Ergebnisse zu liefern vermag. Um jedoch einer Forderung nach Zeitmäßigkeit keinerlei Raum zu lassen, wird hierbei nicht direkt auf Kant sondern auf die kantianische Perspektive Norman E. Bowies zurückgegriffen, welcher eine moderne und somit leichter anwendbare Position vertritt.

2 Abgrenzung des Whistleblowing

Vor der Analyse einer jeden Handlung muss stets zunächst klargemacht werden, welche Bedeutung den verwendeten Begrifflichkeiten im Folgenden zugeschrieben wird. So muss auch hier zunächst der Begriff Whistleblowing genau definiert werden um etwaige Missverständnisse zu vermeiden. Dieses Unterfangen gestaltet sich jedoch als eine Herausforderung, da eine absolut gültige und allgemein akzeptierte Definition noch nicht gefunden wurde und es somit notwendig ist eine Definition Schritt-für-Schritt zu erarbeiten, um möglichst alle relevanten Merkmale mit einzuschließen.

Bereits in der Einleitung wurde erwähnt, dass offenbar ein Unterschied zwischen Informanten und Whistleblowern existiert. Demzufolge muss geklärt werden, in welchem Ausmaß Überschneidungen vorliegen und worin genau Unterschiede festzumachen sind. Anhand des beispielhaften Vergleichs zweier Extrema lässt sich dies wohl am deutlichsten bestimmen.

Zum einen wird ein ehemaliges Mitglied eines Verbrechersyndikats, beispielsweise der Mafia, betrachtet. Dieses bricht im Zuge eines Kronzeugenprogramms das Schweigen über die illegalen und illegitimen Aktivitäten seiner früheren „Kollegen" und seiner einstigen Organisation. Eindeutig erkennbar handelt es sich um einen Informanten.

Jedoch wird zur gleichen Zeit ein ehemaliges Mitglied eines Geheimdienstes, beispielsweise Edward Snowden und die NSA, betrachtet. Auch dieser bricht sein Schweigen über illegale und illegitime Aktivitäten seiner früheren Kollegen und seiner einstigen Organisation. Trotzdem gilt Snowden als Whistleblower.

Die Gemeinsamkeiten sind durch die überspitzte Formulierung deutlich erkennbar, nichtsdestotrotz sind die Unterschiede kaum offensichtlich. Denn auf den ersten Blick scheint es, als ob beide versuchten das falsche Verhalten ihrer einstigen Arbeitgeber ins Scheinwerferlicht zu rücken, sich dabei in allerhöchste Gefahr begäben und alles riskierten nur um für Gerechtigkeit Sorge zu tragen. Scheinbar wären also beide Begriffe synonym zu gebrauchen, wovon die Intuition jedoch abrät.

Beide Personen handeln in augenscheinlich ähnlichen Situation auf die gleiche Weise. Dessen ungeachtet lässt die jeweilige Konnotation der Begriffe erahnen, dass diese nicht gleichwertig verwendet werden können. Das gesuchte Unterscheidungsmerkmal lässt sich folglich vielleicht weniger in den Informanten selbst oder in ihren Handlungen festmachen, vielmehr müssen die jeweils von ihnen bezichtigten Organisationen und die darin involvierten Angestellten verglichen werden. Im Falle eines Verbrechersyndikats ist es einem Großteil der Öffentlichkeit bewusst, dass diese sich mit illegalen Aktivitäten finanzieren. Trotzdem gelingt es der Exekutive nicht, das Syndikat aufzulösen und seine Mitglieder ihrer jeweils gerechten Strafe zuzuführen. Der Grund dafür liegt in der hierarchischen Struktur, welche ihre obersten Ränge unter einem schein-legalen Deckmantel verbirgt. Der Informant liefert der Polizei die fehlenden Beweise, um die Anführer und somit das Syndikat aus dem Verkehr zu ziehen.

Im Gegensatz dazu genießt eine von einem Whistleblower denunzierte Organisation einen Nimbus moralischer Makellosigkeit, aus welcher sich häufig sogar der Unternehmenserfolg begründet. Beim Whistleblowing sind es nicht grundlegend die juristischen Konsequenzen, die der Organisation am Meisten schaden, sondern großen Teils auch die Reputationseinbußen in der Bevölkerung. Der Whistleblower setzt die Bevölkerung demzufolge über Sachverhalte in Kenntnis, welche ohne ihn unmöglich bekannt geworden wären und erreicht dadurch eine absolute Schlüsselposition.

Diese negativen Konsequenzen werden in vielen Fällen von Teilen der Bevölkerung jedoch nicht als gerechte Strafe für Fehlverhalten, sondern als Folge eines weitaus schlimmeren Verbrechens erachtet. Als Verrat. Einerseits ist es nur natürlich, dass eine bestimmte Handlung stets sowohl auf positive, als auch negative Kritik stößt. Andererseits ist letztere insofern gerechtfertigt, als dass eine Strafe für eine bestimmte Organisation häufig in erheblichem Maße Dritte in Mitleidenschaft zieht. Würde über eine Kaufhauskette von Billigkleidung beispielsweise bekannt werden, dass diese Kinder bis aufs Blut ausbeutet und würde dies anschließend zur Schließung der Kette führen, dann könnten ärmere Familien dort nicht mehr einkaufen. Da diese jedoch finanziell darauf angewiesen blieben und nun effektiv weniger Geld zur Verfügung hätten, wären sie auf den Whistleblower sicherlich nicht gut zu sprechen. Denn das Eigene hat stets Vorrang vor dem Fremden. Als Grund für die entstandenen Probleme würde trotzdem der Verrat gelten, der Bruch der Loyalität gegenüber dem Unternehmen und der Gesellschaft. Um dies zu verstehen muss im Folgenden der Begriff der Loyalität zunächst erläutert werden.

Entsprechend der „Stanford Encyclopedia of Philosophy" ließe sich Loyalität als eine Form von Beharrlichkeit, bezogen auf die Verfolgung von Zielen denen sich eine Person auf eigenen Wunsch hin und als Teil ihrer Identität verpflichtet (vgl. Kleinig 2013), definieren. Diese Ziele können materieller und ideeller Natur sein. Das heißt es ist sowohl möglich sich Personen und Institutionen gegenüber, als auch Prinzipien und Wünschen gegenüber loyal zu verhalten.

Von einem Großteil der Gesellschaft wird Loyalität als eine Tugend und etwas absolut Erstrebenswertes angesehen. In diesen Fällen wird Loyalität mit Treue gleichbedeutend genutzt. Als Beispiele ließe sich Loyalität in einer Freundschaft, in welcher sie die Grundlage ebendieser darstellt und somit das notwendige gegenseitige Vertrauensverhältnis überhaupt erst ermöglicht. Und auch im Kontext eines Staates ist sie wesentlich, denn dort fungiert sie als Grundlage jeglicher Ordnung. Ein Rechtssystem kann nur funktionieren, wenn jeder Bürger die Gesetze achtet und der exekutiven Staatsgewalt das notwendige Vertrauen entgegenbringt, welche diese Übertretungen ahndet und bestraft. Somit kann auch die Treue vor dem Gesetz als Loyalität bezeichnet werden.

Gründe für eine Betrachtung als Tugend sind leicht zu finden, jedoch ist eine Auffassung von Loyalität als Übel eher selten. Trotzdem lassen sich auch hier Probleme bei übersteigerter Loyalität feststellen. Ein Beispiel hierfür liefert der amerikanische Vietnamkrieg. Um genau zu sein das Massaker von Mỹ Lai. Am 16. März 1968 kam es in dem Südvietnamesischen Dorf zu einem blutigen Massaker, bei welchem 504 Zivilisten vergewaltigt und getötet wurden. Die Soldaten erhielten von ihrem Offizier den Befehl alle Bewohner, da diese als Unterstützer der Vietcong galten, hinzurichten. Monatelang auf blinden Gehorsam und absolute Loyalität gedrillt, widersetzte sich keiner der Soldaten.

Ein weiteres prägnantes Beispiel für ins Negative übersteigerte Loyalität liefert die junge deutsche Geschichte. Denn auch in militaristisch organisierten Staaten wie dem Dritten Reich unter Hitler wurde Loyalität hoch angepriesen. Bereits von Kindesbeinen an wurde jeder Einzelne durch die Gleichschaltung in den staatlichen Organisationen zum hörigen und absolut loyalen Bürger und Soldaten herangezogen. Auch hier stützte sich die staatliche Ordnung zu großen Teilen auf diese, jetzt jedoch zum Schlechten missbrauchte, Form von Loyalität. Offensichtlich muss bei der moralischen Bewertung von Loyalität äußerst auf den Kontext geachtet werden.

Die Anwendung auf den Akt des Whistleblowing lässt sich nun analog gestalten. Denn auch von einem Whistleblower wird innerhalb seiner Organisation, legitimer Weise, Loyalität erwartet. Doch in einem mit illegalen oder illegitimen Handlungen praktizierenden Unternehmen, wird eine spezielle Form der Loyalität, nämlich eine absolute „unkritische Loyalität dem Unternehmen gegenüber […]" (Leisinger 2003, S. 23), vom Einzelnen erwartet. Gleichzeitig besteht im Whistleblower jedoch eine zweite, entgegenwirkende, „[kritische] Loyalität gegenüber übergeordneten Interessen[,] z.B. dem Allgemeinwohl […]" (Leisinger 2003, S. 23). Ebendieser Widersinn zwischen blindem, unkritischem und reflektiertem, die Folgen für die Gesellschaft abwägendem Gehorsam führt zu der beobachteten Spaltung in der moralischen Bewertung. Denn würde ein Whistleblower seiner Organisation einfach blind treu bleiben, gäbe es keine negativen Konsequenzen, so die Argumentation der Kritiker – Ein Fehlschluss.

Ist nun die der Organisation gegenüber empfundene Loyalität geringer als die der Allgemeinheit entgegengebrachte, so ist ein Mitarbeiter dazu verleitet Whistleblowing zu betreiben. Demzufolge ist eine Illoyalität gegenüber einer der beteiligten Parteien unvermeidbar, da der Whistleblower beiden gegenüber eine jeweils entgegenwirkende Verpflichtung empfindet. Somit bleibt an dieser Stelle nur noch die Frage offen, inwiefern es legal und inwiefern es als legitim anzusehen ist, die empfundene Verpflichtung gegenüber der Öffentlichkeit über die der eigenen Organisation gegenüber geforderte zu stellen. Eine Frage welche ihre Antwort in den folgenden Abschnitten finden wird.

Nichtsdestotrotz muss Whistleblowing noch weiter abgegrenzt werden, um nicht „[…] jede konspirativ gestaltete Information [oder] unschöne Illoyalität zu moralisch inspiriertem Whistleblowing [zu überhöhen]" (Leisinger 2003, S. 34). So dürfen laut Klaus Leisinger (2003) Intrigen und Mobbing am Arbeitsplatz sowie „Investigativer Journalismus" genauso wenig als Whistleblowing gewertet werden, wie Meinungsverschiedenheiten unter Wissenschaftlern. Der Grund hierfür ist bei Mobbing und intrigantem Verhalten, dass rein persönliche und egoistische, jedoch keine moralischen Interessen im Vordergrund stehen. Investigative Journalisten mögen zwar einem Whistleblower sehr ähnlich agieren, jedoch handelt es sich hierbei um ein professionelles Gewerbe, bei dem die Absicht Informationen an die Öffentlichkeit zu tragen, dem Berufsbild inhärent ist, also die den Whistleblower moralisch auszeichnende Überwindung fehlt. Wissenschaftlicher Dissens hingegen kann nicht allzu leicht moralisch bewertet werden. Dieser kann zwar häufig eine Wirkung entfalten, welche der des Whistleblowing äußerst ähnlich ist, jedoch fehlt hierbei die individuelle Nachprüfbarkeit. So könnte beispielsweise ein konkurrierendes Unternehmen andere Aspekte des gleichen Produktes in einem anderen Licht erscheinen lassen. Für einen Laien wäre es somit unmöglich abzuwägen welche Risiken vernachlässigbar sind. Ein Beispiel wäre das mit handelsüblichen Aspirin-Tabletten einhergehende, jedoch absolut unwahrscheinliche Risiko von Schlaganfällen. Somit wäre auch die moralische Bewertung durch die Bevölkerung hierbei rein von den manipulativen Fähigkeiten der Wissenschaftler abhängig und deshalb eine Überhöhung zum Whistleblowing ungerechtfertigt

Zu guter Letzt ist auch die Intention des Whistleblower elementar. Ist dieser von egoistischen, persönlichen oder anderen niederen Motiven getrieben, so darf er nicht in den moralisch hochwertigen Status des Whistleblower gehoben werden, um für Trittbrettfahrer keine Anreize zum willkürlichen Denunzieren zu liefern. Denn eines Anderen Ruf mit Lügen zu beschmutzen um daraus gesellschaftliche Anerkennung zu gewinnen, ist keineswegs mit dem Bild des Whistleblower vereinbar.

Um nun mit den gefunden Einschränkungen eine passende Definition aufzustellen, ist es hilfreich, eine bereits getroffene als Grundlage zu wählen. Hierbei existieren jedoch große qualitative, sowie sich gegenseitig ausschließende Unterschiede zwischen denen verschiedener Akademiker. Eine sehr gute Ausgangslage liefert die von Peter Jubb gefundene Definition:

> "Whistleblowing is a deliberate non-obligatory act of disclosure, which gets onto public record and is made by a person who has or had privileged access to data or information of an organisation, about non-trivial illegality or other wrongdoing whether actual, suspected

or anticipated which implicates and is under the control of that organisation, to an external entity having potential to rectify the wrongdoing." (Jubb 1999, S. 78)

Ausgehend davon und in Kombination mit den bisher getroffenen Einschränkungen kann nun eine überarbeitete Definition aufgestellt werden, welche im Folgenden als Grundlage jedweder weiteren Analyse dienen wird:

Whistleblowing ist eine willentliche nicht verpflichtende Offenlegung von Vorgängen in einer Organisation, welche illegale oder in nicht-trivialer Weise illegitime Handlungen umfassen. Diese Vorgänge werden an eine höhere Instanz übermittelt, welche die Macht besitzt diese zu korrigieren. Whistleblower werden Personen mit privilegiertem Status innerhalb ihrer Organisation, welcher ihnen den Zugang zu sensiblen Informationen ermöglicht. Whistleblower handeln nicht aus Motiven egoistischer Nutzenmaximierung, sondern aus ihrem persönlichen Loyalitätsempfinden und einem Pflichtgefühl gegenüber der Allgemeinheit.

Abschließend muss noch auf eine geringfügige Unterteilung des Akts des Whistleblowing Bezug genommen werden, welche dieses in eine externe und in eine interne Form aufspaltet. Hiervon ist die externe die vermutlich bekanntere Version, da es sich dabei um das meist möglichst medienwirksame Offenlegen von Missständen innerhalb einer Organisation handelt. Das bedeutet es wird außerhalb, also unternehmensextern, nach Hilfe zur Korrektur von unternehmensinternen Verfehlungen gesucht, um so durch öffentlichen Druck in Kombination mit juristischen Hilfsmitteln eine Besserung zu bewirken. Selbstredend betrifft das interne Whistleblowing im Gegensatz dazu eine unternehmensinterne Verfehlung, bei der die Öffentlichkeit in keiner Weise eingeschaltet wird, sondern auf die Hilfe interner Abteilungen oder Vorgesetzter, mit der Macht zu Korrektur, vertraut wird.

Nun da geklärt ist, was unter Whistleblowing verstanden wird, können im anschließenden dritten Abschnitt, darauf aufbauend, die Umstände herausgearbeitet werden, welche das Whistleblowing in einer Organisation überhaupt erst auslösen. Des Weiteren führt die Entscheidung mit heiklen Informationen an die Öffentlichkeit zu treten für den Whistleblower selbst in vielen Fällen zu unbewussten und ungewollten Konsequenzen, welche in dessen Abwägung mit einbezogen werden müssen und deren Relevanz im Folgenden ermittelt wird.

3 Wie kommt es zum Whistleblowing?

Ein Whistleblower kann sich also entscheiden ob er ein Fehlverhalten eher intern oder extern melden möchte. Gleichzeitig hängt die damit verbundene Gefahr für ihn jedoch in erheblichem Maße von dem von ihm gewählten Öffentlichkeitsgrad ab. Denn er kann, wie im anfänglichen Beispiel, des Watergate-Informanten, stets zwischen einer anonymen Meldung und einer öffentlichen wählen. Je nachdem verändert diese Entscheidung nicht nur die damit verbunden negativen Konsequenzen, sondern auch die Effizienz des Whistleblowing. Bevor jedoch abgewogen werden kann, welche Handlung zu welcher Konsequenz führt und wie diese die Entscheidung zum Whistleblowing beeinflussen, muss zunächst konstatiert werden, wodurch es überhaupt ausgelöst wird.

Klaus Leisinger stellt in „Whistleblowing und Corporate Reputation Management" fest, dass allgemeine, allen Whistleblowern gemeinsame Charakteristika kaum auszumachen sind (vgl. Leisinger 2003, S. 33). Es wäre also unmöglich einen Menschen nach bestimmten Merkmalen abzusuchen und so herauszufinden, ob diese dazu neigen Informationen zu veröffentlichen. Stattdessen sind diese in den meisten Merkmalen vollkommen verschieden. Nichtsdestotrotz lassen sich Trends erkennen, welche Whistleblowing eher begünstigen und somit durchaus als auslösende Faktoren gelten können.

Wird in einer Organisation ein Fehlverhalten entdeckt, so besteht stets die Möglichkeit zwischen drei Alternativen zu wählen:

Die erste ist das Ignorieren. Wird entdeckt, dass Missstände bestehen, ist jedoch die Angst vor negativen Konsequenzen, etwa dem Verlust der Arbeitsstelle, zu groß, so wird meist das Problem einfach ignoriert. In Fällen, in denen das moralische Gewissen der Personen zu stark ist, kann es auch vorkommen, dass die Arbeitsstelle komplett aufgegeben wird.

Die zweite Möglichkeit ist die Partizipation. Gleichwohl kann es auch vorkommen, dass eine Person an dem Fehlverhalten teilnimmt, um so etwaiger Ausgrenzung zu entgehen. Diese Alternative mag unmoralisch wirken, ist jedoch durchaus menschlich, da hier Effekte wie Gruppenzwang und die Angst vor weiteren negativen Konsequenzen eine Schlüsselrolle spielen.

Die letzte der drei Möglichkeiten bildet die Einmischung, dass hier thematisierte Whistleblowing. Zwar können keine konkreten, quantitativ-definierbaren Auslöser festgemacht werden, jedoch ist klar erkennbar, dass es sich bei Fällen des Whistleblowing nie um Fälle moralischer Grenzwertigkeit, sondern stets um unbestreitbare und beweisbare Verstöße gegen geltende Normen handelt. Hierbei ist die Tendenz feststellbar, dass mit zunehmender Schwere des Vergehens und zunehmendem Mitleid mit den betroffenen Opfern, sowie dem Ausbleiben von Maßnahmen zur Fehlerkorrektur oder Kompensation von entstandenen Schäden, die Bereitschaft zum externen Whistleblowing steigt. Das Mitleid ist hierbei natürlich auch stark mit dem sogenannten „Identifiable-Victim-Effekt" korreliert. Das bedeutet, umso näher die Betroffenen dem Whistleblower sind, umso stärker fühlt er sich persönlich betroffen. Dies kann familiäre oder sogar nationale Verbundenheit betreffen und selbst durch mediale Berichterstattung beeinflusst werden.

Herrscht bei Angestellten einer Organisation dagegen das Gefühl vor, dass Kritik willkommen ist und versucht wird Missstände zu korrigieren, kommt es eher zu internem Whistleblowing. Hierbei wird aus dem Whistleblowing eher konstruktive Kritik und das Unternehmen bleibt selbst bei größeren, sowie längerfristigen Missständen von diesen eher unberührt, da Mitarbeiter wissen, dass diese korrigiert werden.

Um eine Entscheidung für oder gegen das Whistleblowing treffen zu können, müssen etwaige negative Konsequenzen bekannt sein. Diese Konsequenzen umfassen unter anderen finanzielle Belastungen aus Vertragsstrafen beziehungsweise durch Verlust der Arbeitsstelle, sowie psychologischen Druck durch Gerichtsprozesse und Ausgrenzung aus dem Arbeitsumfeld, und können sich nicht zuletzt in Gewalt und Racheaktionen, sowie in manchen Fällen sogar in Gefängnisstrafen äußern.

Zwar mag es reizvoll erscheinen anonym seine Informationen zu veröffentlichen, da negative Konsequenzen so möglichst geringgehalten werden können, aber wird dadurch auch die Effizienz des Whistleblowing reduziert. Diese Verminderung der Effizienz fällt in der internen Form kaum ins Gewicht, zumal dabei hauptsächlich auf bereits bewährte Mechanismen zur Problembehebung gesetzt wird. Dagegen spielt die Person des Whistleblower eine umso größere Rolle beim externen Whistleblowing, da hier unter anderem wieder der „Identifiable-Victim-Effekt" einsetzt und somit Rückhalt aus der Gesellschaft bewirkt.

Offensichtlich ist, dass Whistleblowing ausschließlich bei eindeutig illegitimen Verhalten auftritt und dass Organisationen durch ein offenes Ohr für ihre Angestellten dieses komplett auf die interne Ebene reduzieren können. Gleichwohl ist nun klar, dass sich Whistleblower auf hauchdünnes Eis begeben und alles riskieren. Um diese Risiken zu minimieren und diese zu schützen wurde in vielen Staaten bereits ein rechtlicher Rahmen für sie geschaffen, welcher das Thema des nächsten Abschnitts ausmacht.

4 Rechtlicher Status des Whistleblower in den USA

Grundsätzlich ist Moral eine vom geltenden Recht unabhängige Bewertungsinstanz. Nichtsdestotrotz orientiert sich diese häufig in gewissem Maße am Recht und das Recht sich häufig an ihr, wodurch eine gewisse Kongruenz zwischen beiden entsteht und diese sich dennoch sehr ähneln. Als Ausgangspunkt für die moralische Bewertung eines Phänomens ist es somit unbedingt notwendig auch die rechtlichen Gegebenheiten einer Gesellschaft zu kennen. Da in den Vereinigten Staaten bereits seit dem 19. Jahrhundert Gesetze zum Schutz von Whistleblowern existieren, sollen im Folgenden deren zwei wichtigsten Gesetze analysiert werden. Diese beiden Gesetze sind die grundlegendsten zum Thema Whistleblowing in den gesamten USA, da alle weiteren geschlossenen Bestimmungen auf diese aufbauen.

Das erste und älteste dieser Gesetze ist der sogenannte „False Claims Act" aus der Zeit des amerikanischen Bürgerkrieges. Zurückdatierbar auf ähnliche Dokumente aus dem England des 14. Jahrhunderts wurde dieses ursprünglich zur Verhinderung von Sabotage an der Unionsarmee erlassen. Um Lieferungen von defekten Waffen, sowie Wucherpreise für Kriegsmaterial und Proviant zu vermeiden, wurden sowohl zivilrechtliche Strafen ermöglicht, als auch finanzielle Anreize für Whistleblower geschaffen. Beispielsweise wurden ehrliche Bürger sechs Jahre lang vor Entlassung geschützt, sowie ein monetärer Ausgleich offeriert. Dieses bis dato einzigartige Dokument konnte natürlich noch nicht vollends vor Betrug schützen, da etwa Vergeltungshandlungen auf privater Ebene durch Mitarbeiter und Vorgesetzte nicht auszuschließen waren. Nichtsdestotrotz ist es bis zum heutigen Tage gültig und findet nach wie vor Anwendung. Beispielsweise wurde Chester Walsh im Jahr 1992, für seine Informationen über geplante illegale Waffenlieferungen an einen israelischen General durch die „General Electric Company", als Anteil an der verhinderten Schadenssumme Belohnungen in Höhe von 11,5 Millionen US-Dollar zugesprochen (vgl. Babara Ettorre 1994, S. 19).

Der zweite wichtige Grundpfeiler für den Schutz von Whistleblowern in den USA ist der sogenannte "Whistleblower Protection Act" von 1989. Dieses Dokument dient dem Schutz von Whistleblowern im Staatsdienst, welchen bis dato untersagt wurde Whistleblowing zu betreiben. Jedoch erstreckt sich dieser Schutz weder auf Veröffentlichungen, welche die jeweilige Arbeitsstelle direkt betreffen, noch Geheimdienstmitarbeiter generell. Um letztere doch noch mit einzubeziehen, unterzeichnete Barack Obama im Oktober 2012 einen Zusatzartikel, sodass Missstände zumindest intern, also innerhalb der Geheimdiensthierarchie, korrigiert werden können oder in Extremfällen ein festgelegtes, externes Amt kontaktiert werden darf.

Diese Regelungen lassen natürlich erheblich Raum für Kritik. So kann beispielsweise über die Sinnhaftigkeit von finanziellen Anreizen für eine moralische Handlung diskutiert werden. Außerdem bleibt es fraglich, ob es beispielsweise für Edward Snowden möglich gewesen wäre die internationale Spionageaffäre organisationsintern zu „korrigieren". In wieweit es etwa legitim wäre sich über geltende Gesetze hinwegzusetzen, ist definitiv eine ethische Frage und soll nun im letzten Abschnitt behandelt werden.

5 Kantianische Interpretation des Whistleblowing

Bei deskriptiven Problemstellungen, etwa der Mathematik oder der Naturwissenschaft, lassen sich Antworten durch den „geschärften Blick" des Wissenschaftlers entdecken. Das bedeutet er kann Tests, Maschinen oder Formeln kreieren, welche es ihm meistens ermöglichen eine mehr oder weniger eindeutige und für das gegebene Problem hinreichend genaue Lösung zu finden. Bei normativen Fragen ist dies nicht so leicht möglich. Denn für jede zu analysierende Problematik existieren viele verschiedene, jedoch keine eindeutig richtige Lösung. Der Wissenschaftler kann alles quantitativ in Zahlen ausdrücken, wohingegen der Ethiker nur qualitative Trends beobachten kann. So kann auch für das Thema „Whistleblowing" keine eindeutige und für jeden Menschen akzeptierbare Handlungsanweisung getroffen, sondern nur festgestellt werden, wie im Lichte einer bestimmten Ethik gehandelt werden sollte.

Um nun alle in den vorigen Abschnitten herausgearbeiteten Probleme und Definitionen kritisch zu hinterfragen, eignet sich am besten die Ethik Immanuel Kants. Deren deontologische Natur dank klarer Abgrenzungen anhand von Pflichten, im Vergleich zu eher schwer gewichtbaren Vergleichen in konsequentialistischen Ethiken, eine relativ differenzierte Analyse von Problemen ermöglicht. Nichtsdestotrotz ist Kant bereits vor über 200 Jahren verstorben und hatte sich natürlich selbst zu Lebzeiten keine Gedanken über ein mit Whistleblowing vergleichbares Thema gemacht. Da die Anwendung eines so alten Ideengebäudes jedoch, aufgrund persönlicher Interpretationen, stets zu Verzerrungen führt, wird im Folgenden nicht die Ethik Kants, sondern die weniger strikte, dafür allerdings modernere, kantianische Perspektive nach Norman E. Bowie gewählt.

Um eine Analyse der entstandenen Probleme unter kantianischen Gesichtspunkten zu ermöglichen, wird Kants Ethik im Folgenden zunächst auf das Whistleblowing übertragen. Den meisten Menschen ist der zentrale Leitspruch Kants, der sogenannte Kategorische Imperativ, entnommen aus seiner „Grundlegung zur Metaphysik der Sitten" (1785), bekannt. Dieser besagt, jeder möge stets nach derjenigen Maxime (Handlungsprinzip) handeln, nach welcher er zugleich wollen könne, dass diese ein allgemeines Gesetz werde. Dies bedeutet also, eine Handlung ist dann illegitim, wenn ein vernünftiger Mensch diese nicht als verallgemeinerte Handlungsregel für die Gesellschaft empfehlen würde. Dieser Imperativ existiert in vier verschiedenen Gruppen von Formulierungen und soll in jeder dem Individuum als Handlungsanweisung dienen, indem dieser ihm aufträgt nach bestimmten

Pflichten zu handeln. Im Zusammenhang mit Whistleblowing ist insbesondere die zweite Formulierung des Kategorischen Imperativs relevant:

> „Handle so, dass du die Menschheit sowohl in deiner Person, als in der Person eines jeden anderen jederzeit zugleich als Zweck, niemals bloß als Mittel brauchst" (GMS)

Dies bedeutet, dass jeder Mensch beziehungsweise jedes vernunftbegabte Wesen, die restliche Menschheit als Selbstzweck, jedoch niemals als ein Mittel zum Erlangen dritter Ziele missbrauchen darf (vgl. Bowie 1998, S. 1083). Wenn beispielsweise ein Unternehmen seinen Erfolg aus Profitgier auf Kinderarbeit, unsichere Arbeitsbedingungen mit gefährlichen Chemikalien oder auf ungerechte Löhne aufbaut, so ist dies absolut verwerflich und muss verhindert werden. Wird in Bezug auf Geheimdienste, beispielsweise durch Spionage an privaten Personen, die Menschenwürde verletzt, so müsste auch dies verhindert werden. Dies bedeutet also, jedwedes Verhalten, dass den Menschen nicht als Selbstzweck beziehungsweise als höchstes Ziel achtet, legitimiert in der kantianischen Ethik somit unweigerlich Whistleblowing.

Ein weiterer zentraler Kern der kantianischen Theorie ist die Fähigkeit eines jeden Menschen sich selbst Gesetz zu sein (vgl. Bowie 1998, S. 1085), also zur Aufstellung hypothetischer Imperative. Ein Imperativ besteht grundsätzlich aus zwei Teilen. Einem Zweck oder Ziel und einer Beschreibung der Mittel dieses zu erreichen, welche durch die Prinzipien der Besonnenheit und Effizienz erdacht werden. Ein hypothetischer Imperativ beschreibt im Gegensatz zu einem kategorischen, jedoch kein allgemein und fortwährend gültiges, sondern lediglich ein persönliches und ad-hoc geltendes Ziel. Dementsprechend sind hypothetische Imperative auch weniger stark gewichtet und dürfen mit ihren kategorischen Gegenstücken nicht in Konflikt stehen. Beispielsweise wäre es also untersagt das kategorische Verbot der Lüge zu brechen, selbst wenn ein Whistleblower dadurch eine illegal agierende Organisation von weiteren Verbrechen abhalten könnte. Gleichzeitig jedoch ermöglicht es die Legitimation von Whistleblowing in nicht kategorischen Fällen. Denn solange keine kategorischen Imperative verletzt werden, bleibt es der persönlichen Zielsetzung des Individuums überlassen, worin seine moralische Überzeugung besteht. So können zum Beispiel moralisch fragwürdige, aber eigentlich kategorisch nicht direkt verwerfliche Themen, wie Tierversuche oder der Handel von Unternehmen mit boykottierten Nationen, vom Gegenstandsbereich des Whistleblowing nicht ausgeschlossen werden. Hierbei tritt jedoch eine Einschränkung in Kraft. Im Falle einer bei Arbeitsantritt unterzeichneten Klausel kein Whistleblowing zu betreiben, wäre der Arbeitnehmer dazu verpflichtet sich daran zu halten. Denn der hypothetische wäre dem kategorischen Imperativ nicht zu lügen nachrangig, wobei ein Arbeitsvertrag als eine Form des Eids zu betrachten wäre.

An dieser Stelle lässt sich ein unter Kantianern weit verbreitetes Problem erahnen: Die Gewichtung von kategorischen Imperativen untereinander. Würde etwa eine Organisation fortlaufend kategorische Imperative verletzen, gleichzeitig wäre es jedoch unmöglich dies zu verhindern, ohne selbst welche zu brechen, so steht der Kantianer vor einem großen Problem. Es besteht also im Grunde die Frage, ob es zumindest erlaubt wäre, das Wohl von Vielen über das von Wenigen zu stellen. Allerdings ist es für Kantianer strikt verboten, selbst einen kategorischen Imperativ zu brechen. Dies gilt somit auch für kantianische Whistleblower. Trotzdem wird nicht verboten, etwaigen Untersuchungen durch Reporter oder Behörden nicht im Wege zu stehen und diese so indirekt zu unterstützen.

Gleichzeitig besteht keine Pflicht bestimmte hypothetische Imperative aufzustellen, also auch keine Pflicht zum Whistleblowing, solange keine kategorischen Imperative durch die Organisation verletzt werden. Jedoch besteht für Kant auch die Pflicht zur Voraussicht und zum Abwägen auf Basis der Vernunft. So kann im Folgenden davon ausgegangen werden, dass bei nicht-kategorischem Fehlverhalten zwar keine Pflicht zum Whistleblowing besteht, wenn man sich dabei der Gefahr negativer Konsequenzen aussetzt, es jedoch von einem guten und vernünftigen Menschen zu erwarten wäre, da dieser sich sonst auf lange Sicht selbst schädigen würde.

Das dritte für Kantianer basale Privileg ist die Freiheit, welche klassisch in eine positive und eine negative Variante unterteilt wird. Dies ist jedoch keineswegs wertend zu verstehen. Negativ beschreibt lediglich die Freiheit von Zwang und sonstiger Determiniertheit von Handlungen, wohingegen die Freiheit sich, unabhängig von willkürlichen Umständen oder Dritten, bewusst hypothetische Imperative aufzuerlegen als positiv bezeichnet wird (vgl. Bowie & Reynolds 2004, S. 279f.). Damit ein menschliches Wesen als „frei" bezeichnet werden kann, muss sowohl die Bedingung für positive als auch für negative Freiheit erfüllt sein. In Anwendung auf die Handlung des Whistleblowing bedeutet dies, dass ein Arbeitnehmer im negativen Sinne von Freiheit genauso wenig vom Staat gezwungen werden darf, Whistleblowing zu begehen, wie er von seinem Arbeitgeber gezwungen werden darf, Stillschweigen zu bewahren. Das bedeutet, dass ein Arbeitsvertrag, welcher das Whistleblowing, also eine wahrheitsgemäße Aussage, untersagen würde, die negative Freiheit einschränken und somit illegitim werden würde. Die Anwendung der positiven besteht in der Erstellung hypothetischer Imperative, ist also erneut den kategorischen unterzuordnen.

Festzuhalten ist, solange eine Person aus freiem Willen heraus, ihrem Gewissen folgt und zum Whistleblower wird, so trifft dies im kantianischen Sinne vollends auf Unterstützung.

Nun da im Groben klar ist, welche Position ein Kantianer dem Whistleblowing gegenüber einnähme, können nun die Fragen, welche in den vorherigen Abschnitten noch zurückgestellt wurden, beantwortet werden.

Zunächst soll beantwortet werden, ob ein Whistleblower insofern Verrat begeht, dass er die empfundene Loyalität gegenüber der Öffentlichkeit über die für seine eigene Organisation empfundene stellt. In dem Moment, in welchem eine Organisation selbst nicht moralisch handelt, sich also für Whistleblowing angreifbar macht, findet eine kantianische Theorie keinen Grund gegen das Whistleblowing. Etwaige direkte negative Konsequenzen, sind für einen Kantianer, aufgrund des einhelligen Fehlverhaltens innerhalb der Organisation nur gerecht, wohingegen indirekte negative Konsequenzen für etwaige Dritte überhaupt nicht in die Bewertung einfließen. Bei Kantianern wird ausschließlich Fehlverhalten bestraft, da vernunftbegabte Wesen, stets moralisch handeln würden, es somit auch für Dritte klar erkennbar wäre, dass dies zu ihrem Besten war. Somit bleibt Whistleblowing eine höchst moralische und aus kantianischer Sicht absolut empfehlenswerte Tat, welche durch jeden vernünftigen Menschen als solche erkannt würde.

Außerdem lässt sich die Frage nach der moralischen Bewertung finanzieller Anreize für Whistleblower ganz klar beantworten. Es ist für Kantianer illegitim und unnötig finanzielle Anreize zu bieten, da jeder vernünftige Mensch, einen ausreichend stark ausgeprägten Sinn für Moralität hat. Somit würde ein Whistleblower von sich selbst die Entscheidung dazu treffen und dabei sogar auf einstimmige Solidarität aus der Gesellschaft stoßen.

Letzten Endes ist es klar erkennbar, dass Kantianer eher Befürworter des Whistleblowing sind und anhand der genannten Kriterien stets Abwägen können, welche Handlung empfehlenswert ist. Denn selbst wenn jemand wie Edward Snowden, laut dem in seiner Nation bestehenden Rechtssystem Hochverrat begeht, würde er durch die kantianische Ethik bestärkt werden, solange er dabei den kategorischen Imperativen folgt.

6 Konklusion

Zusammenfassend lässt sich feststellen, dass Whistleblowing ein weitreichendes und in einer von Profitgier getriebenen Gesellschaft, stets brisantes Themengebiet ist. Auf den ersten Blick erscheint es zwar schwierig die vielen Facetten des Whistleblowing zu ordnen, doch mithilfe einer klaren Definition und einem klar abgesteckten rechtlichen Rahmen, ist eine moralische

Abwägung durchaus möglich. Und obwohl eine allgemeingültige Handlungsempfehlung nicht ausgesprochen werden kann, lässt sich feststellen, dass Whistleblowing, solange es definitionsgemäß ausgeführt wird, von einem Kantianer unterstützt würde. Somit ist auch die gesellschaftliche Auffassung von Whistleblowing als einem moralischen Akt zu bestätigen.

Die Angst vieler Organisationsvorstände vor dem Whistleblowing, lässt sich keineswegs teilen, denn in einer als gerecht empfunden Organisation, wird kein Angestellter jemals Whistleblower werden. Whistleblowing lässt sich somit vorbeugen. Die vergleichsweise neuen Ansätze von Compliance und Integrity, ermöglichen es eine gerechte und als solche empfundene Organisation aufzubauen. Compliance bedeutet hierbei, die Bestrafung von organisationsinternen Verfehlungen um auf diese Weise Angestellte von Fehlverhalten abzuschrecken. Wohingegen Integrity die Ausarbeitung einer Identifikation des Angestellten mit der Organisation beschreibt, um somit Fehlverhalten selbst in Situationen mit geringer Entdeckungswahrscheinlichkeit zu vermeiden. Dies kann etwa einerseits durch eine flache Organisationshierarchie mit einem „offenen Ohr" für die Belange der Angestellten, sowie durch die Schaffung einer von jedem Mitarbeiter akzeptierten Unternehmensethik erreicht werden.

Diese Systeme funktionieren bereits in vielen Organisationen auf hervorragende Weise und sollten beispielhaft für unsere in Deutschland bisher nur wenig ausgearbeitete Organisationsstruktur dienen. Denn am Ende zahlt es sich immer aus „fair zu spielen".

Literaturverzeichnis

Bowie, Norman E. (1998), "A Kantian Theory of Meaningful Work", *Journal of Business Ethics*, Band 17, S. 1083-1092

Bowie, Norman E. and Reynolds, Scott J. (2004), "A Kantian Perspective On The Characteristics Of Ethics Programs", *Business Ethics Quarterly*, Band 14 (2), S. 275-292

Ettorre, Barbara (1994), „Ethics. Whistleblowers: Who's the real bad guy?", *Management Review*, Ausgabe Mai 1994, S. 18-23

Jubb, P. B. (1999), „Whistleblowing: A restrictive Definition and Interpretation", *Journal of Business Ethics*, Band 21 (1), S. 77-94

Kleinig, John, "Loyalty", *The Stanford Encyclopedia of Philosophy*, Ausgabe Herbst 2013, Edward N. Zalta (Hrsg.)

Leisinger, Klaus M. (2003), „Whistleblowing und Corporate Reputation Management", Klaus Leisinger (Hrsg.) Rainer Hampp Verlag, S. 20-96

BEI GRIN MACHT SICH IHR WISSEN BEZAHLT

- Wir veröffentlichen Ihre Hausarbeit, Bachelor- und Masterarbeit

- Ihr eigenes eBook und Buch - weltweit in allen wichtigen Shops

- Verdienen Sie an jedem Verkauf

Jetzt bei www.GRIN.com hochladen und kostenlos publizieren